# ¡Retención ¡

## 5 Estrategias para Empresas de Servicio

Jose Aguilar Araiza

Título: Retención.

Diseño de la portada: Francisco Navarro Lara
Diseño e Ilustraciones: Jose Aguilar Araiza
Diagramación y maquetación:

© Copyright Jose Aguilar Araiza
ISBN: 9798852795649

Todos los derechos reservados. Ninguna parte de este libro se puede reproducir, almacenar en sistema alguno de recuperación o transmitir en ninguna forma o por ningún medio electrónico, mecánico, fotocopia, grabación o cualquier otro sin autorización escrita del autor.

## Jose Aguilar Araiza

Master en Desarrollo Organizacional y Humano, con más de 40 años de experiencia en Empresas de Servicio, especialista en la implementación de Culturas dentro de las Organizaciones, ha participado como Conferencista en más de 25 eventos de Universidades y Asociaciones, impartiendo conceptos y metodologías orientadas a procesos de mejora en el Servicio.

Cuenta con varias certificaciones como Especialista en diversas disciplinas de la Administración, y Desarrollo de Recursos Humanos en Instituciones como Expansión, Washington State University, certificado internacionalmente como Facilitador para el Taller de los 7 Hábitos de las Personas Altamente Efectivas de Franklin Covey.

Como Consultor, ha desarrollado programas para Empresas como Bancomer, Banorte, Secretaria de educación Publica, Megacable, Cervecería Cuauhtémoc, etc.

## Agradecimientos

A Dios,
Por darme la Sabiduría,
Inteligencia y Memoria
Necesarios para este proyecto de vida.

*A mi Esposa,*
*por su paciencia y tolerancia durante*
*el tiempo que me tomó la escritura y*
*preparación del material para este libro.*

*A mis compañeros y amigos,*
*que han sido mi inspiración.*

# CONTENIDO

Pagina

**CAPITULO I**
Alineando la Perspectiva     11

**CAPITULO II**
Estrategia de Negocio     16

**CAPITULO III**
Estrategia Financiera     24

**CAPÍTULO IV**
Estrategia de Organización     31

**CAPITULO V**
Estrategia del Valor     39

**CAPITULO VI**
Estrategia Humana     48

**REFLECCIONES**     56

## Capítulo I
## Ajustando la Perspectiva

Considerando que las estrategias que se manejan en este libro requieren una mentalidad amplia para entender las formas diferentes de poder establecer planes de acción que eleven la efectividad de las Organizaciones sobre todo las dedicadas a proveer servicios, impactando como consecuencia una mejora en su comportamiento financiero, para lo cual se requiere tener muy claro el tipo de negocio que maneja nuestra empresa de aquí que, requerimos hacernos algunas preguntas:

¿Primero es importante determinar y estar conscientes en qué tipo de negocios está nuestra Empresa?, por ejemplo, si yo preguntara en qué tipo de negocio se encuentra la compañía JAFRA?, es muy probable que muchos de nosotros pudiéramos contestar que Jafra se encuentra en el negocio de los cosméticos, sin embargo con una perspectiva más amplia podríamos asegurar que Jafra se encuentra en el negocio de la VANIDAD.

De igual forma si nos cuestionamos; ¿en qué tipo de negocio se encuentra la compañía Rolex?, es casi seguro que, nuestra tendencia de respuesta sería; Rolex se encuentra en el negocio de los relojes de lujo, sin embargo, viendo con un poquito más de profundidad podemos darnos cuenta de que Rolex en realidad se encuentra en el negocio del ESTATUS.

Por otro lado, si nos pusiéramos a pensar; ¿en qué tipo de negocio se encuentran los Médicos?, la primera respuesta que me viene a la mente es que los médicos se encuentran en el negocio de la Salud, cuando en realidad se encuentran en el negocio de LA CONFIANZA, cuando decidimos a que medico recurrir, la confianza es el factor determinante para nuestra decisión, siempre vamos con el médico a quien más confianza le tengamos, ya sea por sus servicios previos o por alguna recomendación.

Históricamente, muchas Empresas se han ido a la quiebra porque no tuvieron la visión sobre el alcance de su negocio, un ejemplo que me llamó mucho la atención, fue el caso de Universal Studios, quienes en los años ochenta, pensaban que ellos estaban en el negocio de las Películas y estuvieron casi al borde de cerrar el negocio, hasta que oportunamente se dieron cuenta de que ellos estaban en realidad en el negocio del ENTRETENIMIENTO, de igual forma en el caso de las Compañías Hoteleras y aquellas dedicadas al turismo, muchas de ellas piensan que están en el negocio del Alojamiento, la transportación y la venta de Alimentos y Bebidas, y muchas con un pensamiento más avanzado piensan que están en el negocio del servicio, cuando en realidad pocas han ampliado su perspectiva y se dieron cuenta de que ellos están en el negocio de LAS EXPERIENCIAS.

La Visión, es vital para el éxito de las Empresas, sobre todo en este tiempo de cambios acelerados, competencia agresiva y fragilidad financiera, si no Expandimos nuestra Perspectiva, pondremos en riesgo nuestra permanencia competitiva en el mundo de los negocios y posiblemente hasta la existencia misma de nuestra Empresa.

En el libro; LA QUINTA DISCIPLINA", de Peter Senge, se plantea como una quinta disciplina, el manejar un Enfoque Sistémico en la administración y toma de decisiones, es decir, que las características del Enfoque Sistémico nos señalan que bajo una perspectiva diferente:

- El todo es mayor a la suma de las partes.
- Una visión global trae consigo una ventaja competitiva.
- Esta disciplina está basada en la Metanoia, es decir el cambio de una perspectiva a otra.
- Una perspectiva amplia, incide en el volumen de negocio.

Con base a estos razonamientos, solo nos queda, antes de revisar las 5 estrategias para Empresas de Servicio, el preguntarnos e identificar:

*¿En qué tipo de Negocio está mi Empresa?*

Una vez identificada la nueva perspectiva de nuestra empresa, hay que considerar su entorno y los factores que en la actualidad están afectando a las empresas en forma global:
- Clientes cada vez más exigentes.
- Mercados cada vez más competidos por el crecimiento natural de los negocios.
- Encaséz de Talento
- Mezcla de Culturas Generacionales
- Avance Acelerado de la Tecnología.

Ante estas circunstancias una medida táctica eficaz es LA RETENCIÓN, Retención de Clientes, Retención de Negocio, Retención de Talentos, Retención de Tendencias de Mejora, y también lo más importante, RETENCION DE LA RENTABILIDAD DE LA EMPRESA.

*"Si sabes en qué tipo de negocio estas,*
*La planeación estratégica es un juego de niños".*
Alan Michaels

*"RETENER ES GANAR"*

# Capítulo II
# Estrategia de Negocio

Utilizando la metáfora del "tanque" ilustrada en la *Figura 1,* comparamos a las Empresas como un gran tanque de almacenamiento de líquidos, donde como parte del sistema funcional, cuentan con una ENTRADA donde se ingresa el insumo de líquido que va a ser almacenado, pero también cuentan con una SALIDA, sin embargo en el caso de las Empresas y Organizaciones, los líquidos significan el volumen de Clientes que también ingresan a las Empresas de Servicio, pero también, desafortunadamente tienen una Salida, que en muchas ocasiones el flujo de salida es mayor que el flujo de entrada, es decir, es mayor el flujo de Clientes y Negocio que se están perdiendo día con día, que el volumen de nuevos clientes que está atrayendo la Empresa, lo cual significa que nuestras Empresas tienen un problema de

RETENCION, una fuga de Clientes y Negocio que a veces no lo tenemos cuantificado porque no le damos la importancia que se merece, estamos tan ocupados en atraer Clientes, estableciendo ESTRATEGIA DE ATRACCIÓN, que nos olvidamos cómo retenerlos y no nos preocupamos por implementar ESTRATEGIAS DE RETENCIÓN para cancelar o reducir esas fugas de negocio.

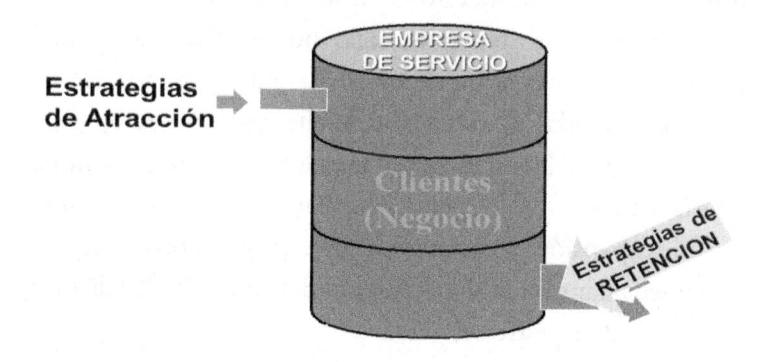

*Figura 1*

¿Cómo podremos comprobar lo anterior?, solo tendríamos que plantear a nuestra fuerza de Ventas la siguiente pregunta:

*¿Cuál es nuestro índice de retención de Clientes?*

Lo más seguro es que no obtendremos alguna respuesta exacta, porque ni siquiera se tiene un registro de pérdida de clientes, sin embargo, sí es posible que nos pudieran proporcionar el número de clientes nuevos que tuvimos en los últimos 5 años por ejemplo, ante esta circunstancia, la pregunta entonces sería; Y de esa cantidad de clientes nuevos atraído los últimos 5 años, cuantos ya no están con nosotros?, ¿en donde están dichos clientes?, ¿por qué ya no están con nosotros? (Retención), esto es un síntoma que nos confirma que efectivamente tenemos fugas no identificadas, y que debemos hacer algo para cerrar esa llave de salida a través de estrategias sólidas de retención de clientes y negocio, ¿cuál sería el efecto si lográramos evitar esta fuga?, nuestro tanque estaría saturado y a lo mejor tendríamos que pensar en una posible expansión de nuestra Empresa (instalar otro tanque), que pueda dar cabida al incremento del volumen de Clientes demandando nuestro servicio.

Desde el punto de vista financiero, las Estrategias de Atracción representan un costo mucho mayor que las Estrategias de Retención.

Algunos ejemplos de esto pudieran ser los siguientes:

ESTRATEGIAS DE ATRACCIÓN:
- Publicidad
- Mercadotecnia
- Campañas Promocionales
- Eventos de Promoción, etc.

ESTRATEGIAS DE RETENCIÓN:
- Programas de Reconocimiento y Lealtad
- Encuestas de Satisfacción
- Entrenamiento y Capacitación
- Estándares de Aseguramiento de la Calidad del Servicio. Etc.

Si queremos comprobar lo anterior, solo hay que echar un vistazo a los presupuestos anuales y ver el porcentaje de gastos sobre los ingresos que están dedicados a las Estrategias de Atracción (Normalmente oscila entre un 8 y 10%), y ver también el porcentaje de gastos sobre los ingresos que están dedicados a Estrategias de Retención, ahí nos daremos cuenta el bajo nivel de importancias que las Empresas estamos dando a las Estrategias de Retención.

Algunos ejemplos de Estrategias de Retención implementadas son los siguientes:

- La Empresa CocaCola, durante mucho tiempo implemento una Estrategia de Retención, poniendo en todas las latas de refrescos una leyenda que denominaron; "HOLA", seguido por un número de teléfono donde los consumidores podríamos llamar para poner alguna queja o sugerencia, para el volumen tan grande de Ingresos de esta gran Compañía, cuánto representó el costo de tener solo algunas personas atendiendo el teléfono las 24 horas?, extremadamente insignificante si comparamos el enorme nivel de ingresos de esa Empresa.

- Los supermercados y algunas tiendas departamentales implementaron un estándar de que todos los cajeros le hicieran a sus clientes la siguiente pregunta: "¿Encontró todo lo que buscaba?", esta es una Estrategia de Retención, cuyo costo no es significativo para las Empresas.

- El Entrenamiento y la Capacitación, es una estrategia que impacta considerablemente en el nivel de servicio, no implica un costo considerable para las Empresas, sin embargo, algunas de ellas consideran este concepto como un GASTO y no como una INVERSIÓN.

- Las encuestas de satisfacción, que es una práctica cada día más común en las empresas de servicio, es una estrategia de retención que también representa un costo mínimo en los gastos de la Empresa.

Hasta ahora hemos estado analizando la conveniencia de cerrar esa llave de fugas de Clientes y Negocio, desde el punto de vista de la Empresa, ahora lo más importante es analizarlo desde perspectiva de los Clientes;

*¿Qué buscan los Clientes?*

Existe una encuesta rápida que se estuvo aplicando a nivel global por diversas Organizaciones, para determinar las expectativas de los Clientes, donde se les presentan 8 factores:

1. SERVICIO
2. CALIDAD
3. CONSISTENCIA
4. PRECIO
5. INSTALACIONES
6. UBICACIÓN
7. PUBLICIDAD y
8. FAMA

Y se les pide señalar en orden de importancia, cuál de ellos es determinante para **decidir** elegir una compañía de servicios, en todos los casos siempre salen en los primeros lugares, **El Servicio, La Calidad y la Consistencia,** y en algunos casos también **El Precio,** por lo que podemos concluir, que los 3 primeros elementos son lo que los Clientes buscan al elegir entre una empresa y otra, desde luego que tratándose de empresas de servicio como Hoteles, Restaurantes, Spas, Salones de Belleza, Barberias, Arrendadoras de autos, Servicios Hospitalarios, etc. etc., si nos ponemos a analizar, llegaremos a la conclusión de que estos 3 factores, que son lo que los clientes buscan, forman parte de las Estrategias de Retención.

*¡Los Clientes buscan ser retenidos!*

La incongruencia es entonces; ¿Porque las Empresas de Servicio están más enfocadas e invierten más en Estrategias de Atracción cuando Los Clientes solo buscan ser retenidos?

Les invito para aplicar esta encuesta en cualquier grupo de clientes o también hacer una prueba con los propios Colaboradores, esta encuesta es aplicable para cualquier empresa de servicios, ¡NO FALLA!, siempre encontraremos en los primeros lugares cuando menos 2 Factores de Retención, confirmando con esto que todos los que somos usuarios de cualquier tipo de empresa de servicio buscamos ser retenidos.

# Capítulo III
# Estrategia Financiera

Durante muchos años, me he dado a la tarea de preguntar a miles de Colaboradores y Ejecutivos de Empresas de Servicio:

*"¿Cuál es el propósito final de la Empresa?"*

En más del 95% de los casos, algunas de las respuestas que recibí fueron:
- Satisfacer a los Clientes.
- Dar un servicio de primera.
- Tener Clientes Contentos
- Brindar las mejores experiencias a los Clientes.
- Etc. Etc. Etc.

Son buenas respuestas, sin embargo, si analizamos con mayor profundidad el propósito final de las Empresas, estaremos cambiando de perspectiva. Fue muy difícil lograr que alguien me diera la respuesta correcta, aun cuando se les presionaba indicándoles que se fueran más al fondo para dar una respuesta, finalmente teníamos que concluir con la siguiente respuesta:

**El propósito final de cualquier empresa es;**
**¡Hacer Dinero!**

Y de ahí parte el siguiente razonamiento:
¿Cómo vamos a hacer dinero?; **Teniendo Negocio!**
¿Cómo vamos a tener negocio?; **Teniendo Clientes!**
¿Cómo vamos a tener Clientes?; **Dando un buen Servicio!**
¿Quién provee el servicio?; **Los Colaboradores.**

Bajo este razonamiento, cambia la perspectiva de negocio que normalmente tienen las Empresas de Servicio, por lo que ha surgido el siguiente cuestionamiento:

*¿La Utilidad que generan las Empresas,*
*es un Fin o es una Consecuencia?*

Es aquí donde debemos ver el comportamiento financiero bajo una perspectiva diferente, muchas Empresas consideran que el resultado financiero es un fin y están obsesionadas con lograr las metas establecidas utilizando el viejo paradigma de aplicar la fórmula tradicional:

"Para obtener mayores utilidades, debemos ahorrar en gastos, tratando de aumentar el volumen de ingresos".

Para las Empresas de Servicio, un cambio de perspectiva sería; Si nos enfocamos en Las Personas que son las que proveen el servicio, invirtiendo en su bienestar laboral, su capacitación y desarrollo, el desarrollo de su familia y su comunidad, que en general no representa un alto costo, vamos a asegurar que proveerán un servicio excepcional que se verá reflejado en la satisfacción de los clientes, quienes a su vez se harán adictos a nuestros servicios (además de recomendarnos con nuevos clientes), esto se verá reflejado en un incremento de negocio y como consecuencia un incremento en las utilidades de la Empresa.

Este cambio de perspectiva también incide en el índice de RETENCIÓN DE TALENTOS, por lo que, una Estrategia Financiera debe incluir un monto de inversión en el Factor Humano cuyo Retorno de Inversión (ROI), se verá reflejado en la Retención de Clientes y Colaboradores.

## **FÓRMULA DEL PRECIO:**

Para efecto de poder determinar el precio del servicio que se presta en la Empresa, se deben de considerar los siguientes factores: *Figura 2.*

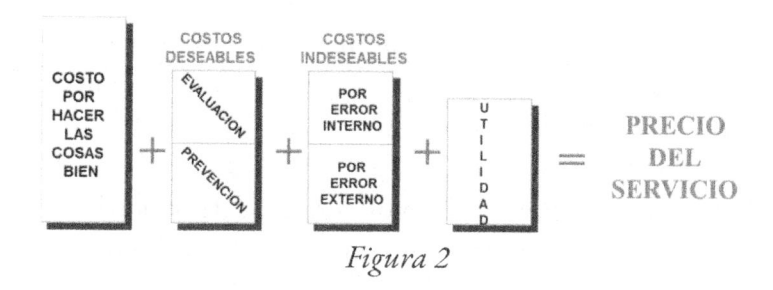

```
 COSTOS      COSTOS
DESEABLES  INDESEABLES
COSTO                   POR
POR      EVALUACIÓN   ERROR                U
HACER      +          INTERNO    +        T
LAS                    POR                 I    +   =   PRECIO
COSAS    PREVENCIÓN   ERROR                L            DEL
BIEN                  EXTERNO              I            SERVICIO
                                           D
                                           A
                                           D
```

*Figura 2*

**Costo por hacer bien las cosas:** Aquí se consideran todos aquellos gastos normales requeridos para proveer el servicio que la Empresa ofrece, tales como Insumos, Energía, Nómina, Impuestos, etc., a esto hay que sumarle también:

**Costos de Prevención:** Todos aquellos gastos relativos a las revisiones y auditorías internas, programas de certificación, Entrenamiento y Capacitación, Programas de Satisfacción y Reconocimiento de Clientes, etc. Además, debemos considerar también:

**Costos Indeseables:** Que incluye lo que nos cuesta solventar los errores cometidos en el servicio, ya sean los originados por nosotros o por causas externas a nuestra operación, entre ellos los descuentos por fallas en el servicio, las cortesías para solventar faltas de cumplimiento al servicio contratado etc., Este concepto no es muy común considerarlo en las empresas de servicio como lo hace la industria, por ejemplo, en la industria se contemplan cantidades por concepto de mermas en la producción, estos montos se calculan y presupuestan de acuerdo a un comportamiento histórico de mermas en la producción, sin embargo, en las empresas de servicio, nunca se consideran ni presupuestan los gastos de recuperación de clientes por servicios mal prestados.

**Utilidad:** Finalmente, debemos considerar la utilidad que queremos obtener, todo lo anterior, nos ayuda a determinar el precio de nuestros servicios.

¿Pero qué pasaría si logramos reducir los Costos Indeseables?,

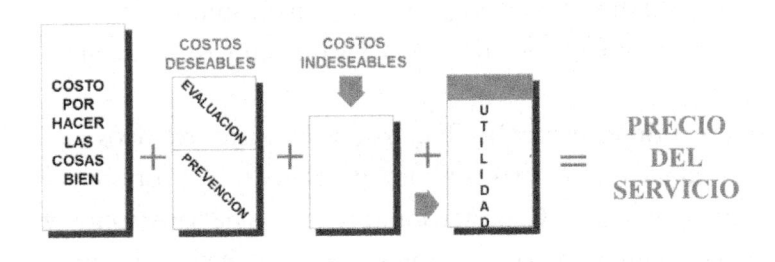

*Figura 3*

Normalmente, esta porción ahorrada, se desvanece en el monto de los ingresos porque no se tiene un registro claro, no se ve reflejada como un ahorro, y si estuviera registrada como tal, normalmente impactaría positivamente a la **Utilidad**, pero ¿qué pasaría si cambiamos nuestra perspectiva y mandamos esa porción que se redujo de los "Costos Indeseables" al lado contrario? O sea, ¿a los "Costos de prevención?", e invertir esos ahorros en programas de revisión de estándares, auto auditorias y capacitación?

*Figura 4*

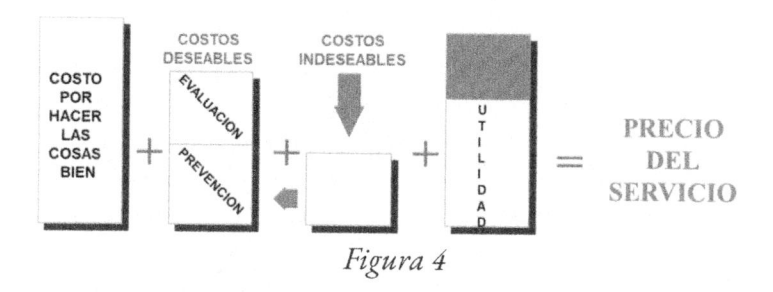

El efecto sería que, al invertir más en programas preventivos, se reducirían aún más los "Costos No Deseables" y como consecuencia, se incrementaría nuestra utilidad en una proporción mayor, pero a más largo plazo.

Desde el punto de vista Financiero, aquellas empresas que han invertido en el factor humano han tenido mejores resultados financieros, ha sido común en algunas empresas que los montos de esta inversión han sido considerados dentro del presupuesto de Marketing.

De igual forma, con esta estrategia financiera, al reducir las fallas en el servicio, se contribuye a un mejor comportamiento financiero y a la vez también se contribuye a LA RETENCIÓN de Clientes y Negocio de nuestras Empresas.

# Capítulo IV
## Estrategia de Organización

Es común que, en las Organizaciones, las estructuras tienden a crecer con el paso del tiempo, yo comparo este comportamiento como el Colesterol del cuerpo humano, se va acumulando la grasa al igual que las estructuras en las Empresas hasta dificultar la circulación de la sangre o los procesos de operación en la Empresa.

En las empresas de servicio en la medida en que las estructuras organizacionales son más complejas, la velocidad de respuesta hacia los Clientes es mucho más lenta, debido a la influencia de estructuras gordas que burocratizan la operación a la vez que incrementa el costo de la mano de obra, se crean "Reinos" donde cada "Reino", (División), establece sus propios procedimientos de control interno y eso también hace lenta la velocidad de respuesta hacia los clientes.

**"La Velocidad de respuesta, Incrementa la Retención"**

La Por otro lado, me gustaría hacer este análisis comparativo: en mi opinión, las Empresas de Servicio y el Ejército, tienen varias cosas en común, en la siguiente tabla comparativa se pueden apreciar para un mejor entendimiento:

| El Ejército: | Las Empresas de Servicio: |
|---|---|
| Recluta Soldados | Recluta Colaboradores |
| Los Entrena | Los Capacita |
| Los prepara para reaccionar ante ciertas situaciones frente al enemigo. | Los prepara para reaccionar ante ciertas situaciones frente al cliente. |

En el caso del ejército, si la situación frente al enemigo, para la cual fue entrenado el soldado cambia?, el soldado tiene que tomar una decisión en ese momento en forma inmediata! porque su vida está en peligro y puede morir, no le puede decir al enemigo; "Espérate un momento, no me mates", déjame preguntarle a mi cabo, para que a su vez él le pregunte al Sargento y el capitán le autorice al Sargento, ¡Imposible!, si el soldado no toma una decisión inmediata, puede morir en ese momento.

Pero en el caso de las Empresas de Servicio, por lo complejo de las estructuras y los procedimientos, cuando la situación frente al cliente cambia, el colaborador NO SE LE

32

PERMITE TOMAR UNA DECISIÓN, tiene que consultarlo con su supervisor, su jefe de turno, su gerente departamental etc., la velocidad de respuesta se vuelve extremadamente lenta y esto provoca que nuestro cliente se nos nuera y no regrese más a utilizar nuestros servicios, es aquí donde la cultura del EMPOWERMENT (La capacidad de decidir y actuar), nos ayuda a reducir la velocidad de respuesta hacia nuestros clientes generando un grado de satisfacción que contribuye a la RETENCIÓN, tanto de clientes como de colaboradores, reduciendo a la vez las estructuras organizacionales.

Existen muchos paradigmas en las Organizaciones que no facilitan la implementación de nuevos modelos de estructura que son más funcionales, sin embargo, nos cuesta trabajo cambiar nuestra perspectiva de organización, pensar "fuera de la caja", puede hacernos una empresa diferente, mucho más eficiente y con una considerable ventaja competitiva.

Un ejemplo que me impacto mucho fue en un Restaurante de Hong Kong, era un restaurante muy grande y su estructura estaba basada en un solo líder y el resto eran solamente meseros, no requerían mayor supervisión, de tal manera que su estructura era solo de 2 puestos: Gerente y Meseros, el servicio era ágil y rápido, de muy buen nivel, los meseros podían tomar decisiones y dar respuesta inmediata a los clientes sin requerir consultar con su líder, si comparamos con restaurantes de otros países sobre todo latinoamericanos, se tienen modelos de organización basados en 3 y hasta 4 niveles; 1. Gerente, Sub-Gerentes, Capitanes o supervisores y en muchas ocasiones, Jefes de Turno.

Otro ejemplo que nos ayuda a comprender más esta estrategia de Organización es el siguiente, basado en una Empresa de Servicios de Alojamiento, lo que comúnmente llamamos la "Hotelería".

En esta rama de la industria turística, por muchos años ha sido utilizada una estructura basada en 6 puestos directivos reportando a una Gerencia o Dirección General;

**Estructura Tradicional**

Gerente General

| Director de Finanzas | Director de Recursos Humanos | Director de Alimentos y Bebidas | Director de Cuartos | Director de Ventas | Director de Mantenimiento |
|---|---|---|---|---|---|
| Contabilidad | Personal | Restaurantes | Recepción | Grupos y Conv. | Jardinería |
| Nóminas | Capacitación | Bares | Reservaciones | Ventas | Sala de Máquinas |
| Compras | Serv. Médico | Steward | Ama de Llaves | Prog. Comercial | Manto. Habitaciones |
| Sistemas | Reclutamiento | Cocinas | Lavandería | Rel. Públicas | Luz y Sonido |
| Almacén | | Banquetes | Teléfonos | | Talleres |
| Crédito | | Costos A y B | Centro Ejecutivo | | |
| Cajas | | Comedor Empl. | Estacionamiento | | |

*Figura 5*

- DIRECCION DE VENTAS
- DIRECCION DE FINANZAS
- DIRECCION DE ALIMENTOS Y BEBIDAS
- DIRECCION DE CUARTOS
- DIRECCION DE RECURSOS HUMANOS
- DIRECCION DE INGENIERIA

Esta estructura ha estado vigente por muchos años, inclusive en hoteles pequeños, sin embargo, en algunos casos, algunas de estas posiciones han sido consideradas a nivel Gerencial solamente, variando también los departamentos asignados a cada Dirección, y en muchos casos también el nombre de la dirección, si lo analizamos bajo una perspectiva diferente, buscando también la eficiencia en los procesos de operación podríamos pensar en una estructura directiva más reducida y que ya ha sido probada con éxito en algunas Compañías Hoteleras, desde luego hablando solo de hoteles medianos con una capacidad de hasta de 500 habitaciones.

**Estructura Flexible**

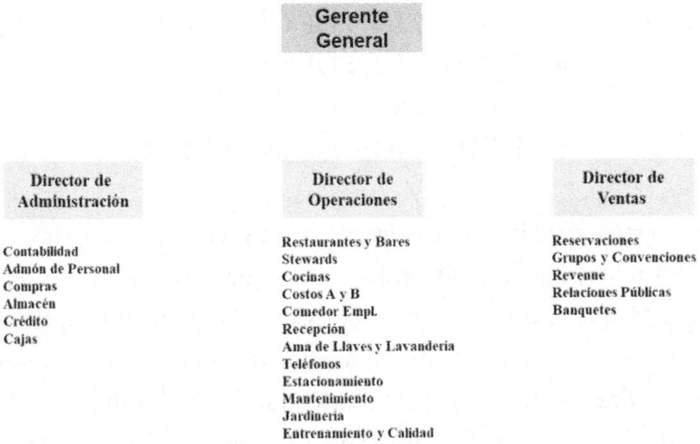

```
              Gerente
              General
```

| Director de Administración | Director de Operaciones | Director de Ventas |
|---|---|---|
| Contabilidad | Restaurantes y Bares | Reservaciones |
| Admón de Personal | Stewards | Grupos y Convenciones |
| Compras | Cocinas | Revenue |
| Almacén | Costos A y B | Relaciones Públicas |
| Crédito | Comedor Empl. | Banquetes |
| Cajas | Recepción | |
| | Ama de Llaves y Lavandería | |
| | Teléfonos | |
| | Estacionamiento | |
| | Mantenimiento | |
| | Jardinería | |
| | Entrenamiento y Calidad | |

*Figura 6*

- DIRECCION DE ADMINISTRACION
- DIRECCION DE OPERACIONES
- DIRECCION DE VENTAS Y MERCADOTECNIA

Esta estructura reducida, contempla solo 3 Direcciones o Gerencias, en donde se produce una mayor fluidez de la operación, se concentran todas las áreas involucradas en la atención al cliente, tales como mantenimiento, capacitación de las áreas operativas, una mayor velocidad de respuesta a los clientes, además de una considerable reducción en el costo de nómina, es importante aclarar que esta reducción en el costo de nómina, NO ES EL OBJETIVO de esta propuesta de Estructura Flexible, el resultado esperado es UNA PRESTACION DEL SERVICIO MAS FLUIDA, con un plus muy importante financieramente hablando.

Otro ejemplo es el de una Tintorería, donde la estructura organizacional estaba dividida por especialidades; lavador, planchador, etiquetador, desmanchador, etc., en este caso, solo con unificar a una sola posición de "Operador", dio como resultado mayor eficiencia en el proceso ya que "Todos hacían de todo", y a la vez se redujo el 30% el número de Colaboradores, es importante notar que además de reducir la estructura de la organización, se incrementó la fluidez de la operación y la velocidad de respuesta a los clientes.

Y como estos ejemplos, también existen casos de otro tipo de Empresas de servicio que han decidido buscar una nueva perspectiva de organización, obteniendo resultados positivos que al final se ven reflejados en la RETENCIÓN de negocio.

*"Si no estamos seguros de que pueda funcionar, cuando menos debemos tener la certeza de que ya lo hemos intentado".*

## Capítulo V
## Estrategia del Valor

En base a las cada vez más altas expectativas de los Clientes, el concepto de **"Calidad"**, podemos considerarlo como algo **Relativo**, en base a la Teoría de la Relatividad de Albert Einstein, al igual que La Felicidad o La Verdad, especialmente aplica en Empresas de Servicio, donde el concepto de calidad está fundamentado en el nivel de **Valor** que tenga el tipo de servicio prestado para el cliente.

*"¿Quién determina la calidad, el cliente o la empresa, Quien se adapta a Quien?"*

**Quién a Quién?**

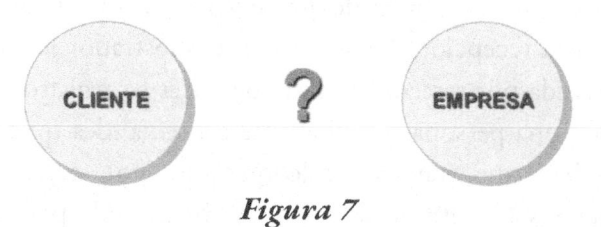

*Figura 7*

Voy a compartirles una anécdota que ocurrió hace varios años cuando yo colaboraba con una Empresa Hotelera Internacional:

Se trata de un hotel de lujo en una gran ciudad, cierto día, el Director General convocó a una reunión del equipo directivo y se nos planteó la necesidad de incrementar la calidad en el servicio, con el fin de poder también incrementar la tarifa de las habitaciones, se nos pidió plantear propuestas que ayudaran a lograr este propósito, surgieron muchas ideas unas brillantes y otra no, pero al final fue elegida la siguiente:

*"Para incrementar la calidad de nuestro servicio, vamos a implementar un nuevo estándar que consiste en que; algún directivo, dé la bienvenida personalmente a los clientes en la recepción del hotel, en las horas pico de llegadas".*

El nuevo estándar para "incrementar la calidad" en el servicio resultó **un rotundo fracaso!;** razón?, Los clientes que llegaban al hotel eran recibidos por el portero quien les daba la bienvenida, inmediatamente llegaba el belboy y también le daba la bienvenida antes de ofrecerle ayuda con su equipaje, al llegar a recepción, la persona en el mostrador le daba la bienvenida por tercera vez antes de hacer su registro, y por último, una persona que el cliente no tenía idea quien era, (pensaban que éramos vendedores de algo), esa persona éramos los Ejecutivos, se le daba la bienvenida por cuarta ocasión, para los clientes resultó bastante molesto recibir una cuarta bienvenida, especialmente porque al llegar al hotel después de un largo o agitado viaje, lo único que buscaban era llegar a su habitación y descansar. La realidad es que, este proyecto fracasó, porque para el cliente "**no tenía valor**".

Después de este fracaso, se convocó a una segunda reunión de innovación para buscar nuevas formas de incrementar la calidad del servicio, después de una acalorada discusión, surgió otra brillante idea para ser implementada:

*"A partir de ahora, todos los clientes que estarán ubicados en los pisos ejecutivos o vip, serán escoltados a su habitación por unas preciosas edecanes que serán contratadas de las mejores Universidades de la Ciudad".*

Por segunda vez, este nuevo estándar de servicio resultó **un rotundo fracaso,** los clientes VIP, especialmente los caballeros, se sintieron incómodos al ser escoltados hasta su habitación por una preciosa edecán.
¡Pero es calidad!, se argumentaba en la reunión de revisión, pero para el cliente "**No tenía Valor**".

*"El Valor está desplazando a La Calidad?".*

*Figura 8*

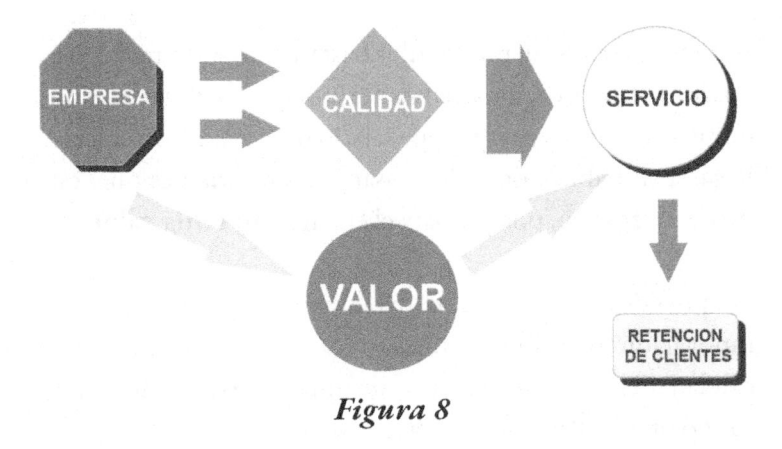

El principal error en este caso fue haber establecido el concepto de "calidad" desde la perspectiva del Hotel y no bajo la perspectiva del Cliente, lo más correcto hubiera sido preguntar a los huéspedes su expectativa de valor antes de decidir unilateralmente un estándar de calidad que al final no tuvo valor para el cliente y que, desde luego se puso en riesgo LA RETENCIÓN del cliente y por consecuencia, del negocio, este tipo de estrategias es común que se implementen, sin considerar la perspectiva de los Clientes.

El gran reto para las empresas de servicio es determinar; ¿Qué es aquello que valoran más los clientes?, y sobre todo considerar que no todos los clientes son iguales y por lo tanto sus expectativas de calidad varían considerablemente.

**Hablando de Expectativas:**

Voy a utilizar una metáfora para mayor entendimiento, yo le llamo **"La Metáfora del Peso",** nos daremos cuenta de que, en términos de expectativas, se requiere de una sensibilidad muy aguda para identificar cuáles son exactamente las expectativas de nuestros clientes, para que así, podamos **generar valor** en el servicio que estamos proporcionando.

### Compra de Servicio

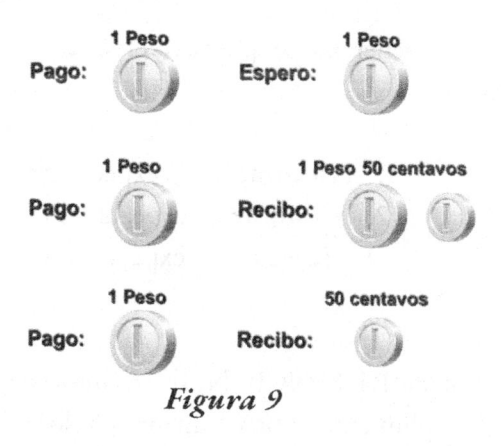

Pago: 1 Peso    Espero: 1 Peso

Pago: 1 Peso    Recibo: 1 Peso 50 centavos

Pago: 1 Peso    Recibo: 50 centavos

*Figura 9*

Si yo compro **UN PESO** de servicio, lo normal es que mi expectativa es recibir **UN PESO** de servicio, sin embargo, pueden presentarse tres diferentes escenarios:

**Escenario 1:** Que yo reciba un peso de servicio, que es exactamente lo que yo pague. (Cubrir las expectativas)

43

**Escenario 2:** Que yo reciba un peso con cincuenta centavos de servicio, ¡woow!, me dieron más de lo que yo esperaba. (Rebasar las expectativas)

**Escenario 3:** Que aun cuando yo pagué por UN PESO de servicio, solo reciba .50 centavos de servicio. (Servicio deficiente que no cubre mis expectativas).

*"El nivel de cumplimiento de expectativas,*
*Impacta en el Nivel de Valor*
*Para el Cliente".*

En términos generales se podrían clasificar 3 niveles de cumplimiento:

1. **No cumplir** las expectativas
2. **Cumplir** las expectativas y
3. **Rebasar** las expectativas.

Para efectos de RETENCIÓN, desde luego se descarta el nivel de cumplimiento 1, pero aun cuando los escenarios 2 y 3 pueden incrementar el nivel de Retención, la pregunta seria: **¿existe un nivel superior a "Rebasar las Expectativas", que nos pudiera incrementar el nivel de Retención?**

Bajo una perspectiva diferente, ¡**Claro que sí!**, **si existe un nivel superior al de "Rebasar Expectativas"**, y este es:

## "ANTICIPAR LAS EXPECTATIVAS"

Este es un nivel superior que solo pocas empresas de servicio han podido identificar, esto requiere la implementación de una cultura de servicio diferente a lo normal, sobre todo si consideramos que:

*"La cultura de servicio, determina
El Factor de Éxito de las Empresas"*

Descartando el incumplimiento de expectativas podríamos identificar 3 tipos de empresas:

| Nivel de Cumplimiento | Tipo de Empresa: | Factor de Éxito: |
|---|---|---|
| Nivel 1 Cumplir las Expectativas | Empresa Normal (Cumple) | Actitud de Servicio |
| Nivel 2 Rebasar las Expectativas | Empresa Extraordinaria (Rebasa) | Espíritu de Servicio |
| Nivel 3 Anticipar las Expectativas | Empresa Exitosa (Anticipa) | VISION de Servicio |

*Figura 10*

**Empresas Normales:** Aquellas que han sido consistentes en la entrega del servicio prometido y cuya Cultura y factor de éxito ha sido la "**Actitud de Servicio**".

**Empresas Extraordinarias:** Basadas en una cultura de **"Espíritu de Servicio",** como factor de éxito, y han logrado impactar positivamente a sus clientes.

**Empresas Exitosas:** Son aquellas que han logrado, no solo identificar las necesidades de sus clientes, sino, identificar la **"Perspectiva de sus Necesidades"**, su cultura se basa en crear en sus Colaboradores una **"Visión de Servicio",** lo cual requiere una mayor conexión y conocimiento de sus clientes, lo que les permite tener un alto grado de anticipación, en definitiva, este tipo de Empresas sobrepasan el nivel de RETENCIÓN DE CLIENTES y también DE COLABORADORES de su Competencia.

Bajo esta perspectiva, el aseguramiento del VALOR de los servicios prestados está garantizado.

# Capítulo VI
## Estrategia Humana

Como se mencionó en el Capítulo III, la esencia del éxito de las Empresas de Servicio, son los Colaboradores, de ahí que, una estrategia humana adecuada, impacta positivamente en la RETENCIÓN de Clientes y Colaboradores.

Normalmente las Empresas de Servicio tienden a enfocar sus esfuerzos mayormente en uno de los siguientes Factores:

Enfoque en:
- Resultados Financieros
- Calidad del Servicio
- Colaboradores

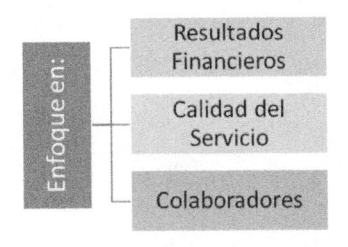

*Figura 11*

**Características:**

*Empresas enfocadas en los Resultados Financieros:*
- Asfixiantes sistemas de control tanto para los Huéspedes como para los Colaboradores.
- Generan tensión y estrés en la operación.
- Se crea un clima laboral desfavorable para el servicio.
- Se reduce el estándar del nivel del servicio.
- Incremento de quejas de clientes
- Impacta negativamente el nivel de RETENCIÓN.

*Empresas enfocadas en el nivel de Calidad en el Servicio.*
- Incrementa el costo de la operación.
- Atención muy limitada a los colaboradores.
- Aun cuando puede incrementar el nivel de satisfacción de clientes, también puede afectar la satisfacción de Colaboradores y como consecuencia afectar el nivel de servicio e incrementar el índice de rotación.

*Empresas que tienen un enfoque en las Personas.*
- Cuentan con una Estrategia Humana
- Generan un ambiente laboral favorable para una buena atención al cliente.
- Impactan positivamente el nivel de RETENCIÓN en los dos sentidos, Clientes y Colaboradores.

En los primeros dos enfoques, se puede obtener un aceptable nivel de satisfacción de los clientes, pero el tercero, asegura un alto nivel de satisfacción, la diferencia es que los primeros se logran por INTENCIÓN, y en el tercero se logra por CONSECUENCIA.

*Figura 12*

Es importante mencionar que una muy mínima cantidad de Empresas se enfoca en los Colaboradores.

Si existe un enfoque en los Colaboradores, la consecuencia se verá reflejada en un buen nivel de servicio, y a su vez, un buen nivel de servicio generará un mejor comportamiento financiero.

Los 3 factores son igual de importantes, pero bajo una perspectiva diferente, nuestro enfoque deberá estar centrado en la base, buscando impactar positivamente en la satisfacción del Cliente.

Tener una estrategia humana, potencializa los resultados finales, me gusta comparar este proceso con lo siguiente:

*Figura 13*

Los nunchakos son un arma oriental que consiste en dos piezas de madera, unidos por una cadena, si quitamos la cadena y con una madera diéramos un golpe, este sería fuerte, pero si unimos la otra madera con la cadena, por efectos de la física, el golpe sería mucho más efectivo y letal.

En este ejemplo, la cadena representa la **Estrategia Humana**, que potencializa el resultado final en la Satisfacción del Cliente, las empresas que tienen establecida una estrategia humana han sido más exitosas que las que no la tienen.

Una estrategia humana empieza con aseguramiento de TRES condiciones en todos los Colaboradores:

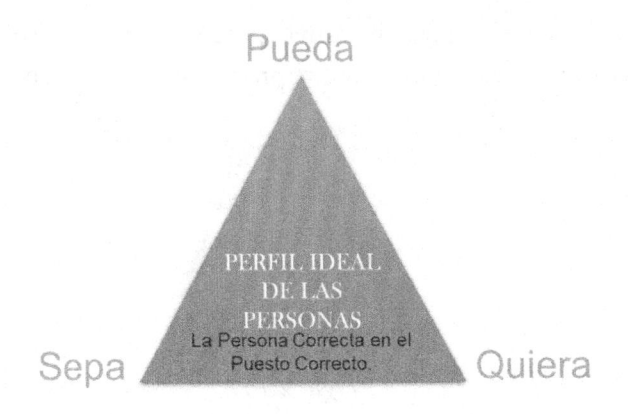

```
           Pueda



     PERFIL IDEAL
       DE LAS
      PERSONAS
   La Persona Correcta en el
Sepa    Puesto Correcto.    Quiera
```

*Figura 14*

Asegurarse de que los Colaboradores:

**Puedan hacer su trabajo:**

El aseguramiento de esta condición se da a través de un estricto proceso de selección, en donde se valoran sus capacidades, conocimientos, habilidades y experiencia para desarrollar el trabajo.

**Sepan hacer su trabajo:**

El factor clave para lograr esta condición es el entrenamiento y la capacitación, a la traves de los cuales, se les prepara para conocer la cultura de la Compañía, los estándares y procedimientos de trabajo, y las normas para desarrollarlo.

**Quieran hacer su trabajo:**

Esta condición es CLAVE, pueden cumplirse las dos anteriores, pero sin esta tercera condición, el servicio puede colapsar con sus respectivas consecuencias, además, las dos primeras condiciones son fáciles de lograr, pero la tercera no, requiere de una visión más profunda y una perspectiva más amplia, normalmente esa tercera condición se ha relacionado con la MOTIVACION que tenga el Colaborador para realizar su trabajo con calidad y entusiasmo, en mi opinión personal, la palabra motivación como verbo, no existe, debería conformarse de dos palabras: MOTIVO y ACCION, los Colaboradores deben de tener un MOTIVO para ACTUAR como la Empresa lo requiere.

Una Estrategia Humana está enfocada precisamente en esta tercera condición, el aseguramiento de que los Colaboradores QUIERAN hacer el trabajo, que tengan la voluntad, el deseo y el entusiasmo requeridos para brindar experiencias inolvidables a los clientes, que tengan un alto nivel de COMPROMISO, o lo que se conoce actualmente con el nombre de ENGAGEMENT.

Una Estrategia Humana consta de 3 niveles para lograr el nivel de compromiso que se requiere en los colaboradores, el nivel en que la Empresa se enfoque determinará el impacto en el servicio y como consecuencia en la satisfacción y retención de Clientes.

**Nivel 1.**
Para lograr un alto nivel de compromiso en los Colaboradores, al igual que la Teoría de Maslow, se deben primero de satisfacer las necesidades básicas del Colaborador, tales como; su esquema de compensación y beneficios, sus prestaciones legales, sus herramientas de trabajo, sus uniformes en caso de requerirlos, sus alimentos en caso de proveerlos la empresa, etc.

**Nivel 2.**
El siguiente nivel de condiciones laborales, puede estar compuesto por aquellos beneficios o facilidades que van más allá de los que es normal en todas las empresas y arriba de las que la Empresa tiene como obligación legal, como pueden ser; facilidades para su aseo personal, atención medica en el lugar de trabajo, planes de reconocimiento al esfuerzo, programas para la salud y acondicionamiento físico de los Colaboradores, Planes de Entrenamiento y desarrollo, Planes de sucesión, etc.

**Nivel 3.**
Contempla acciones que van aún más allá de lo que es propiamente el ámbito laboral, y tiene un enfoque más personal, enfocados hacia las necesidades del Colaborador, en este nivel se establecen acciones involucrando el desarrollo personal, involucrando también el ámbito familiar del Colaborador, el apoyo a su comunidad y sobre todo, una

cultura enfocada a la Inteligencia Emocional que puede ser extensiva también hacia los Clientes.

La Estrategia Humana debe contener acciones específicas para los tres niveles, competir enfocándose en el nivel 1, es bastante costoso y será muy difícil tener una ventaja competitiva favorable a nuestra Empresa, sin embargo, aun cuando por ejemplo en el nivel 1 no seamos competitivos, que nuestros sueldos y beneficios no sean los mejores del mercado, si tenemos implementadas acciones para el nivel 2 y 3, esto podría posicionarnos como una buena Empresa para ser contratados.

La implementación de una Estrategia Humana también impactará positivamente en el nivel de RETENCION, de Clientes y Colaboradores.

*"Las Empresas que son buenos lugares*
*De trabajo, son más rentables que sus competidores"*
Daniel Carrol

*¡Retención, Factor Clave de Éxito!*

*¡La Retención es Responsabilidad de Todos!*

*¡Retención!, Base de Crecimiento Empresarial.*

*¡Retención!, Una Estrategia Táctica!*

*"La Retención genera Balance Financiero"*

***¡RETENER ES GANAR ¡***

Made in the USA
Monee, IL
18 September 2023